EINE GÖTTLICHE ERSCHÜTTERUNG

EINE GÖTTLICHE ERSCHÜTTERUNG

BILL VINCENT

publisher logo

CONTENTS

1	Haftungsausschluss	1
2	Gott ist dabei, uns zu erschüttern	3
3	Einführung	5
4	Müde von der Religion	7
5	Fluss der Herrlichkeit Gottes	9
6	Lass die Wellen freigesetzt werden	11
7	Eine tiefere Berufung	13
8	Gott dreht Herzen	15
	Über den Autor	18

Copyright © 2024 by Bill Vincent
All rights reserved. No part of this book may be reproduced in any manner whatsoever without written permission except in the case of brief quotations embodied in critical articles and reviews.
First Printing, 2024

CHAPTER 1

Haftungsausschluss

Dieses Buch wurde mit der Absicht übersetzt, seinen Inhalt einem breiteren Publikum zugänglich zu machen. Obwohl alle Anstrengungen unternommen wurden, um die Genauigkeit und Wiedergabetreue der Übersetzung sicherzustellen, können sprachliche Nuancen und kulturelle Unterschiede zu Abweichungen vom Originaltext führen. Wir hoffen, dass die Übersetzung Ihren Erwartungen entspricht und für Sie zufriedenstellend ist. Sollten dennoch Bedenken oder Unstimmigkeiten bestehen, können Sie sich gerne an uns wenden. Ihr Feedback ist wertvoll, da wir bestrebt sind, allen unseren Lesern das bestmögliche Leseerlebnis zu bieten.

CHAPTER 2

Gott ist dabei, uns zu erschüttern

Ich möchte Ihnen eine Botschaft übermitteln, die ich vom Herrn gegeben habe und die ich gespürt habe. Ich betete darüber und der Herr sprach diese Worte zu mir. Wenn Sie sich mit der Geschichte befassen, wissen Sie, dass es Zeiten und Jahreszeiten gab, in denen Gott seinen Geist auf phänomenale Weise ausgegossen hat. Ich weiß nicht, wie es Ihnen geht, aber ich spüre, wie die Erweckungsbewegungen in unserer Mitte auszubrechen beginnen. Ich spüre, wie das Feuer Gottes die Pastoren zu erfüllen beginnt, die kommen und bezeugen, was Gott tut. Menschen, die dies lesen, erfahren Wunder und Befreiung. Gott beginnt sich in unserer Mitte zu regen.

In großen Zeiten der Unruhe und Gesetzlosigkeit. In Zeiten, in denen die Menschen keine Hoffnung und keine Zukunft gesehen haben, hat Gott auf die Menschen geschaut, die buchstäblich den Saum seines Gewandes berühren, damit sie wiederbelebt werden, und er hat in solcher Macht und Herrlichkeit gewirkt.

Ich liebe die Geschichten von Revival. Viele sahen eine solche Aktion Gottes, dass Männer in den Bars, die früher ihr Bier tranken, und als die Herrlichkeit Gottes hereinströmte, diese Männer, die einst Bier getrunken hatten, plötzlich nicht mehr den Bierkrug von der Barseite bekommen konnten. Ihre Arme waren verschränkt. Diese Männer, die Bergbaumänner waren, Männer, die fluchten. Sie wissen, dass die Maultiere, die früher die Kohle in den Kohlengruben transportierten, viele der Männer sahen, die den Maultieren beibrachten, auf Schimpfwörter zu reagieren, aber als die Herrlichkeit Gottes hereinströmte, fluchten diese Männer, die gerettet wurden, nicht mehr und die Maultiere taten es auch nicht Reagieren Sie auf sie, weil sie keine Schimpfwörter mehr verwenden würden.

Die Herrlichkeit Gottes hat Orte so sehr heimgesucht, dass die Polizei plötzlich nichts mehr zu tun hatte, weil die Kriminalitätsrate auf Null sank. Deshalb begann die Polizei, Chöre zu gründen, die heute als Welsh Choirs bekannt sind. Oh , dass Gott Obama auf diese Weise besuchen würde.

Ich schaue auf die Männer von Charles Finney, John Wesley, Jonathan Edwards und John G. Lake, die vom Heiligen Geist im Feuer gesalbt wurden. Ich denke an Oral Roberts, AA Allen und Smith Wigglesworth. Ich denke an die modernen Erweckungen in Argentinien und Brownsville, wo Gott begann, seine Herrlichkeit auszugießen. In meinem Herzen sage ich: „Gott, mögen wir diesen Moment nutzen. Komm noch einmal herein, Heiliger Geist. Komm noch einmal."

Es waren Erweckungen, bei denen in einer Versammlung die Herrlichkeit Gottes fiel. Die Leute begannen reuig zu jammern. Menschen wurden hingelegt, sagte er, wie die Ermordeten. Wie ein Schlachtfeld, als der Geist Gottes diese Erweckung einatmete. Die Leute greifen Erweckungen an, indem sie sagen: „Was sollen all diese Leute, die überall ermordet werden?" Ich möchte Ihnen sagen, dass dies keine neue Sache ist. Gott tut dies seit Pfingsten. Das ist keine neue Sache. Das ist eine Gottessache.

CHAPTER 3

Einführung

Herr, wir danken Dir für alles, was Du im Leben aller tun wirst, die dies lesen. Lassen Sie Ihre Macht sinken, während sie dies lesen. Herr, lass dein Wort jedes Herz durchdringen, jedes Leben durchdringen, im mächtigen Namen Jesu.

Jona 1-9 King James Version (KJV)

Und das Wort des Herrn erging an Jona, den Sohn Amittais, also: Mache dich auf, geh nach Ninive, der großen Stadt, und schreie wider sie! denn ihre Bosheit ist vor mir aufgetaucht. Aber Jona machte sich auf, um vor der Gegenwart des Herrn nach Tarsis zu fliehen, und ging hinab nach Joppe. Und er fand ein Schiff, das nach Tarschisch fuhr. Er bezahlte den Fahrpreis dafür und stieg hinein, um mit ihnen vor dem Angesicht des Herrn nach Tarschisch zu fahren. Aber der Herr sandte einen starken Wind ins Meer, und es entstand ein gewaltiger Sturm im Meer, sodass das Schiff dem Untergang drohte. Da fürchteten sich die Seeleute und riefen ein jeder zu seinem Gott und warfen die Waren, die im Schiff waren, ins Meer, um es ihnen zu erleichtern. Aber Jona war in die Seiten des Schiffes hinabgestiegen; und er lag und schlief tief und fest. Da kam der Kapitän zu ihm und sprach zu ihm: Was meinst du, du Schläfer? Steh auf, rufe deinen Gott an, damit Gott an uns denkt, damit wir nicht verloren gehen. Und sie sagten Jeder zu seinem Nächsten: Kommt und lasst uns das Los werfen, damit wir wissen, wessen Ursache dieses Übels ist. Sie warfen das Los, und das Los fiel auf Jona. Da sagten sie zu ihm: Sag uns, wir bitten dich, wessen Ursache dieses Übel auf uns ist; Was ist dein

Beruf? und woher kommst du? Was ist dein Land? Und zu welchem Volk gehörst du? Und er sagte zu ihnen: Ich bin ein Hebräer; und ich fürchte den Herrn , den Gott des Himmels, der das Meer und das trockene Land gemacht hat.

Vater, in deinem kostbaren Namen lass deine Herrlichkeit jeden erfüllen, der dies auch jetzt liest. Berühre jedes Leben. Berühre jedes Herz. Lass dein Wort Leben bringen. Lass es Reue bringen. Lass es Befreiung bringen. Ich spreche jetzt das Wort des Herrn in jedes Haus. Geist Gottes, lass dein Feuer fallen. Im mächtigen Namen Jesu.

CHAPTER 4

Müde von der Religion

Sehen Sie, es gibt gerade eine Generation, ich danke Gott für die Wiederbelebung der Vergangenheit, aber es gibt gerade eine Generation, die nichts von der Tat Gottes weiß. Die Kirche hat eine Vorstellung, sie hat eine Vorstellung von der Erweckung, dass Gott dies alle hundert Jahre tut, als wäre es ein Adrenalinstoß in den Arm. Revival ist kein Adrenalinstoß. Erweckung kommt, wenn Männer und Frauen sagen: „Herr, wir haben unser Ritual satt. Wir haben unsere Religion satt. Komm und berühre uns noch einmal."

Gott, wir werden unsere Formate festlegen. Wir werden alles niederlegen, was wir zu wissen glauben, und wir werden vor den Thron der Gnade treten, uns demütigen und sagen: „Herr, heile unser Land."

Sie sehen, ich möchte Ihnen heute Abend etwas sagen, das Sie schockieren könnte. Gott hält die Erweckung nicht zurück und sagt dann einfach: „Na gut." Gott ist bereit, jede Minute, jeden Tag, jede Stunde, jede Woche und jeden Monat zu bewegen. Ich sage Ihnen, wir warten nicht auf Gott. Er wartet auf dich.

Ich habe das schon einmal gesagt , aber man macht Gott nicht nervös, wenn man hungrig nach ihm wird. Sie machen Ihn nicht nervös, wenn Sie sagen: „Gott, ich möchte die Krüppel gehen und die Blinden sehen. Gott, ich möchte die Toten auferweckt sehen." Und doch sind wir zufrieden, wenn wir an einem Sonntagmorgen einfach nur ein gutes Lied singen. Juhu, das war ein gutes Lied. Ich will den Ruhm. Ich will die Wolke. Ich will das Feuer. Ich will die Wunder. Ich will Jesus!

Sie sehen, wenn Sie das Feuer der Erweckung entfachen, wenn das Feuer Gottes Sie wirklich erfasst, überall, wo Sie hingehen, kommt Erweckung. Sie sehen, Sie können einen offenen Himmel über einer Nation haben. Sie können einen offenen Himmel über einer Familie oder einer Stadt haben , aber ich möchte Ihnen sagen, dass Sie einen offenen Himmel über Ihrem Leben haben können, dass das Feuer Gottes überall hingeht, wohin Sie auch gehen. Wohin man auch geht, beginnen Wunder zu geschehen.

Als das Feuer Gottes auf mich fiel, blieb es mehrere Tage lang auf mir. Wenn Sie mich gesehen hätten, hätten Sie gesagt: „Das ist ein junger Mann, der völlig den Überblick verloren hat. Immer ausgelassen. Er ist zu laut. Sohn, du musst nicht schreien." Ich erinnere mich, als sie mir immer sagten, das ist ein Klassiker: „Er wird eines Tages so sein wie ich. Ich war so, als ich gerettet wurde. Er wird sich beruhigen. Er wird erwachsen." Ich schaute diese Leute immer an und dachte: „Ich möchte nicht so sein wie du. Ich möchte nicht so sein wie du." Saß ganz deprimiert da, gebunden an die Religion und sah aus wie eine alte Pflaume. "Preiset den Herrn." Ich wollte die unaussprechliche und herrliche Freude . Freude unaussprechlich.

CHAPTER 5

Fluss der Herrlichkeit Gottes

Ich möchte kein stehendes Wasser. Ich möchte kein stehendes Wasser, als Jesus sagte, dass, wenn du zu mir kommst, aus deinem Innersten lebendige Wasserströme fließen werden. Ich möchte Ihnen sagen, dass wir in einem trockenen und durstigen Land leben. Im Moment bin ich Amerikaner. Wir sind in einem trockenen und durstigen Land und ich rufe: „Lass den Fluss fließen, Heiliger Geist."

Jesus sagte: „Wer von dem Wasser trinkt, das ich ihm geben werde, wird nie mehr Durst haben, sondern das Wasser, das ich ihm geben werde, wird in ihm eine Quelle sein, deren Wasser in ewiges Leben sprudelt."

Wenn Menschen in Ihrer Nähe sind und mit Ihnen in Kontakt kommen, sollten sie spüren, wie das Leben aus Ihrem Körper fließt. Der Fluss Gottes beginnt gerade jetzt zu fließen.

Jesus sagte in Offenbarung 21: „Ich bin das A und das Omega. Ich bin der Anfang und das Ende. Dem Durstigen werde ich die Quelle des lebendigen Wassers des Lebens umsonst geben." Und doch gibt es so viele Menschen, die über Erweckung reden, sie reden über Wunder, sie reden über Gott. Wir möchten, dass Sie sich bewegen, aber wir möchten die Kraft, ohne jemals zu zittern, zu schaukeln oder zu rollen. Sie sagen, sie wollen eine Erweckung, aber sie sagen: „Herr, mach keine Wellen. Mir geht es gut, so wie ich bin." Es gibt Pastoren, die das lesen, und Sie sagen: „Ja, ich will Erweckung, aber Herr, erschüttere mich nicht. Ich habe es einfach so, wie ich es will. Ich habe einfach diesen großen Zehnten bekommen. Herr, mach keine Wellen!"

CHAPTER 6

Lass die Wellen freigesetzt werden

Sie sehen, genau wie Jona ergeht der Ruf Gottes in ganz Amerika. Wer wird den Ruf hören? Wer wird den Ruf hören? Sehen Sie, mein Freund, ohne eine Bewegung Gottes, ohne Erweckung fällt Amerika auf den Weg. Satan stiehlt eine Generation. Er stiehlt Ihr Vermögen. Er stiehlt alles, was Sie haben, und ich möchte Ihnen sagen, dass Gott nicht schweigen wird, sondern eine Kirche errichten wird, die sich ihm mit Erweckungsfeuer entgegenstellt.

Wir wollen keine Wellen. Ich erinnere mich, als das Feuer Gottes in der Kirche meines Vaters niederging. Er ging nach Brownsville. Er wurde vom Feuer Gottes getroffen.

Sehen Sie, einige von uns sind in der Kirche so tot, dass sie das Feuer Gottes nicht kennen. Wir glauben, dass etwas schiefläuft, wenn Gott versucht, es wieder in Ordnung zu bringen.

Einige von Ihnen, die dies lesen, laufen vor dem Ruf Gottes davon. In der Bibel steht, dass Jona das Wort des Herrn hörte und vor der Gegenwart Gottes floh.

Sie sehen, es kommt eine Zeit, in der es Menschen gibt, bei denen Gott Wellen geschaffen hat. Du bist vor der Gegenwart Gottes geflohen. Sie sind vor der Gegenwart des Herrn geflohen und fragen sich, warum in Ihrem Leben gerade alles schief läuft. Das liegt daran, dass Sie dem ausgesetzt sind, was Satan hat, aber es gibt einen Ruf. Gott sucht nach dir, um zu sagen: „Komm, ich habe einen Plan. Ich habe ein Ziel."

CHAPTER 7

Eine tiefere Berufung

Sie sehen, Gott musste Jona schlafend auf dem Boden eines Bootes finden und er musste das Ding ins Wanken bringen. Sie sehen, Gott hatte Erweckung im Sinn. Er hatte eine Erweckung für einen Ort, der ihn völlig von Gott abbringen würde. Ninive war völlig rückfällig, aber Gott hatte die Wiederherstellung im Sinn.

Ich möchte Ihnen sagen, dass Gott eine Erweckung für die Vereinigten Staaten von Amerika im Sinn hat. Es gibt Pastoren, von denen Gott ruft, dass Sie Ihren Dienst niederlegen. Alles niederlegen, was du zu haben glaubst. Sehen Sie, ich möchte sagen, dass Erweckung nicht ohne Erschütterung kommt. Gott muss alles erschüttern, was erschüttert werden kann, damit das, was übrigbleibt, vom Heiligen Geist ist. Du weißt, dass Jesus mir diese Schriftstelle gegeben hat. Er gab mir Haggai 2:7, wo es heißt: „Und ich werde alle Nationen erschüttern, und sie werden dem Wunsch aller Nationen nachkommen, und ich werde diesen Tempel mit Herrlichkeit erfüllen, spricht der Herr der Heerscharen."

Ich möchte Ihnen sagen, dass ein Zittern bevorsteht. Alles, was erschüttert werden kann, gerät ins Wanken. Es kommt zu Beben in der Kirche. In unseren Volkswirtschaften kommt es zu Erschütterungen. Unsere Regierungen und unsere Führer werden erschüttert. Alles, was erschüttert werden kann, wird erschüttert.

Sie fragen sich vielleicht, warum es in Ihrem Leben zu Erschütterungen kommt. Ich möchte Ihnen sagen, dass Gott in Ihrem Fall ist.

Gott hat gerade seinen Finger auf Sie gerichtet und einige von Ihnen spüren, wie der Feind anfängt, auf Sie loszugehen. Ich möchte Ihnen sagen, dass dies ein Zeichen dafür ist, dass Gott im Begriff ist, in Ihrem Leben etwas zu tun. Du weißt, Gott findet Jona schlafend in einem Boot, auf der Flucht vor der Gegenwart. Vor dem Anruf davonlaufen. Wie viele Menschen machen heute dasselbe? Wie viele Leute schlafen? Ich möchte Ihnen sagen, dass einige von Ihnen die Erweckung verschlafen werden. Einige von Ihnen gehen schlafen, wenn Gott sich danach sehnt, etwas in Ihrem Leben zu tun. Einige von Ihnen werden den ganzen Moment Ihrer Heimsuchung durchschlafen, weil Sie sich von den Einflüsterungen Satans sagen lassen, dass dies nicht von Gott ist.

CHAPTER 8

Gott dreht Herzen

Schläfrig, lethargisch, kritisch. Es gibt Leute, die das lesen, und Sie werden es zu Ihrer Aufgabe machen, zu versuchen, die Schritte Gottes zu diskreditieren. Da sind Leute. Sie schreiben bereits E-Mails. Sie schreiben bereits Briefe, wie viel Erweckung nicht von Gott kommt. Aber ich möchte Ihnen diese Frage stellen; Wo ist das Feuer Gottes in deinem Leben? Wo ist die Frucht? Wo sind die Wunder? Wo sind die Rettungen? Zerstöre nicht, was Gott tut. Steigen Sie ein, seien Sie erschüttert, damit Sie wiederbelebt werden.

Ich habe es satt, dass Menschen die Taten Gottes kritisieren. Alles, was Gott tut, ist vom Teufel. Nun, wenn es vom Teufel ist, wo ist Gott? Ich möchte Ihnen sagen, dass der Teufel die Kranken nicht heilt. Der Teufel lässt den Gefangenen nicht frei. Satan heilt nicht die gebrochenen Herzen.

Sehen Sie, ich liebe die Jünger, als Jesus sagte: „Lasst uns ins Boot steigen und auf die andere Seite fahren." Sehen Sie, die Jünger wussten es nicht, aber es gab einen Mann, der so sehr von Satan gefesselt war, dass Jesus ihn befreien wollte. Die Jünger steigen ins Boot. Einige von euch haben angefangen und brannten für Gott, ihr seid ins Boot gestiegen und wart bereit, hinaus in die Tiefe zu gehen. Du wolltest einen Heilungsdienst haben. Du wolltest die Verlorenen gewinnen. Du wolltest die Mächte der Hölle brechen. Man stieg ins Boot und plötzlich kam der Sturm auf und das Boot begann zu schaukeln.

Sie sehen, Erweckung bedeutet, dass Gott Sie manchmal erschüttert . Pastoren, ihr müsst loslassen und Gott überlassen. Du musst aufhören, dich an das zu klammern, was du zu wissen glaubst , und sagst: „Wer bist du, der mir sagt, wie man sich in der Kirche bewegt?" Ich bin niemand. Du weißt mehr, als ich jemals wissen werde, aber ich weiß das; Wenn Sie das Feuer Gottes in Ihre Kirche fallen lassen, wird Er alles erschüttern, er wird alles erschüttern, aber am Ende wird sie von den Früchten des Reiches Gottes überfließen.

In der Bibel heißt es, dass Jesus dies sagte: „Eine böse und ehebrecherische Generation sucht nach einem Zeichen, und kein Zeichen wird ihr gegeben werden außer dem Zeichen des Propheten Jona. Und er verließ sie und ging." Sehen Sie, dass Gott erschütterte Menschen auferweckt. Männer, deren Boote ins Wanken geraten sind, aber als Gott damit fertig war, Wellen zu schlagen, gaben sie ihr Leben, damit Gott sie mit Feuer salben konnte. Sehen Sie, ich glaube, dass Gott junge Männer, junge Frauen, ältere Männer, ältere Frauen erweckt, die genau wie Jona in eine Stadt gehen und „Umkehr" sagen werden. Wir werden erleben, wie sich ganze Städte Gott zuwenden. Wir werden sehen, wie sich ganze Nationen Christus zuwenden.

Du weißt, dass ich Paulus liebe, wenn er schreibt: „Es besteht kein Zweifel. Ich halte alles für Verlust wegen der Vortrefflichkeit der Erkenntnis Christi Jesus, meines Herrn, für den ich den Verlust aller Dinge erlitten habe und sie nicht als Verlust ansehe, sondern das habe ich getan." möge Christus gewinnen." Der Apostel Paulus: Alles, was erschüttert werden konnte, alles, was erschüttert werden konnte, wurde erschüttert. Aber ich liebe es, wenn er später schreibt: „Damit ich ihn erkenne. Damit ich ihn und die Kraft seiner Auferstehung erkenne."

Sie sehen, Erweckung bedeutet, wenn Gott Sein Feuer auf Sie legt. Einige von Ihnen sind so voller Kopfwissen, aber Gott möchte Sie wiegen und erschüttern und alles, was Sie zu wissen glauben, damit Er Sein Feuer auf Sie legen könnte. Genau wie der Apostel sagte: „Silber und Gold habe ich nichts außer dem, was ich euch gebe." In Jesus Namen. In Jesus Namen. In Jesus Namen. In Jesus Namen.

Du kannst nicht geben, was du nicht hast. Du kannst Gott nicht sagen, wie Er dich berühren wird, wann Er dich berühren wird. Du musst nur sagen: „Gott, mach Wellen, bis ich nicht einmal mehr gleich aussehe." Damit ich ihn und die Macht seiner Auferstehung erkenne. Gott, gib mir meinen Berg! Dein Berg ist dein Schlüssel, um zu dem zu werden, der du sein sollst.

Sehen Sie, dass Gott gerade das Boot der Kirche in Aufruhr versetzt. Es gibt Geistliche, die sagen, dass Gott nicht mehr heilt. Dass alles Hype und E-Motion ist . Aber Gott wird alles erschüttern, erschüttern und aufbrechen. Lass ihn einfach tun.

Über den Autor

Bill Vincent taucht tief in die Welt des spirituellen Erwachens ein und verkörpert eine Verbindung mit dem Übernatürlichen, die sich über drei Jahrzehnte erstreckt. Mit einer starken prophetischen Salbung hat er sein Leben dem Dienst gewidmet und dient als leuchtendes Vorbild und Stütze der Revival Waves of Glory Ministries.

Bill Vincent ist nicht nur Pfarrer, sondern auch ein produktiver Autor, der durch seine vielfältigen Schriften und Lehren zur spirituellen Erleuchtung vieler beiträgt. Seine Arbeit umfasst Themen wie Erlösung, die Förderung der Gegenwart Gottes und die Gestaltung einer apostolischen, hochmodernen Kirchenstruktur. Seine Erkenntnisse stammen aus einem Quell der Erfahrung, sind durchdrungen von der Erweckung und verfeinert durch eine tiefe spirituelle Sensibilität.

In seinem unermüdlichen Streben nach Gottes Gegenwart und seinem Engagement für die Aufrechterhaltung der Erweckung konzentriert sich Bill hauptsächlich darauf, göttliche Begegnungen herbeizuführen und eine spirituelle Atmosphäre aufrechtzuerhalten, die reif für Transformation ist. Seine umfangreiche Bibliothek mit über 125 Büchern dient als Leuchtfeuer der Hoffnung und führt unzählige Menschen dabei, die Fesseln Satans zu überwinden und das Licht Gottes anzunehmen.

Revival Waves of Glory Ministries ist keine typische Kirche – es ist ein prophetisches Ministerium, ein Heiligtum, in dem dem Heiligen Geist die Freiheit gegeben wird, sich zu bewegen, wie er will. Unsere Predigten, eine Mischung aus göttlicher Weisheit und Offenbarung, können auf Rumble erlebt werden und Sie in die transformative Kraft des Wortes eintauchen lassen: https://rumble.com/c/revivalwavesofgloryministriesbillvincent

Für eine tiefere Erkundung unserer Lehren, Visionen und der vielfältigen Gnade Gottes besuchen Sie https://www.revivalwavesofgloryministries.com/.

Begeben Sie sich mit Bill Vincent auf eine Reise der spirituellen Entdeckung und lassen Sie sich von den Wellen der Erweckung überfluten, die die göttliche Kraft und grenzenlose Liebe Gottes enthüllen!

Podcast: https://podcasters.spotify.com/pod/show/bill-vincent2

Rumble: https://rumble.com/c/revivalwavesofgloryministriesbillvincent

Schauen Sie sich unbedingt unsere neuen Videos Downloads From Heaven an!

Spenden: https://www.revivalwavesofgloryministries.com/giving

Buchhandlung: https://www.revivalwavesofgloryministries.com/online-stores

Laden Sie Bill Vincent (PREACH, TEACH AND PROPHETIC MINISTRY) zu Ihrer Veranstaltung ein: rwgministry@yahoo.com

www.ingramcontent.com/pod-product-compliance
Lightning Source LLC
LaVergne TN
LVHW092103060526
838201LV00047B/1551